万榕

传播新知 优美表达

向着明亮那方

金子美铃的诗

[日]金子美铃——著

徐 蕾——译

上海文艺出版社

图书在版编目（CIP）数据

金子美铃的诗：向着明亮那方 / (日) 金子美铃著；
徐蕾译. -- 上海：上海文艺出版社, 2021.12（2024.3重印）
ISBN 978-7-5321-8154-4
Ⅰ. ①金… Ⅱ. ①金… ②徐… Ⅲ. ①儿童诗歌－诗
集－日本－现代 Ⅳ. ①I313.82
中国版本图书馆CIP数据核字(2021)第203639号

发 行 人：毕　胜
策　　划：王会鹏
出版统筹：杨　婷
责任编辑：汪冬梅
装帧设计：任展志

书　　名：金子美铃的诗：向着明亮那方
作　　者：（日）金子美铃
出　　版：上海世纪出版集团　上海文艺出版社
地　　址：上海市闵行区号景路159弄A座2楼　201101
发　　行：上海文艺出版社发行中心
上海市闵行区号景路159弄A座2楼206室　201101　www.ewen.co
印　　刷：天津鸿景印刷有限公司
开　　本：880×1230　1/32
印　　张：10
字　　数：185,000
印　　次：2021年12月第1版　2024年3月第3次印刷
I S B N：978-7-5321-8154-4/ I.6452
定　　价：38.00元

目　录

第一辑　美丽的城堡

第一部分　葫芦花

第二部分　美丽的小镇

第三部分　记事本

第四部分　月亮出来了

第五部分　没有家的鱼

第六部分　雨　后

第二辑　天堂里的妈妈

第一部分　深夜的天空

第二部分　遗忘的东西

第三部分　星星和蒲公英

第四部分　夜里的雪

第五部分　看不见的城堡

第六部分　天蓝色的花

第三辑　寂寞的公主

第一部分　急雨蝉声

第二部分　睡着的火车

第三部分　橙　花

第四部分　我、小鸟和铃铛

第五部分　摇篮曲

第六部分　早　春

第一辑

美丽的城堡

第一部分

葫芦花

纸　窗

屋里的纸窗像座高楼。

纯白美丽的石头楼，
触到天空足有十二层，
共有房间四十八。

一间房住了只苍蝇，
其余的房间都空着。

空空的四十七间房，
谁会住进来呢？

一扇窗户开着，
哪个孩子会来偷窥呢？

——那扇窗，是我赌气的时候，
用手指戳开的小洞。

我一个人久久地望着，
透过小窗看到的蓝天，
一下子变成了影子。

云

我想变成
一片云。

松松软软地
飘在蓝天里，
从一头到另一头，
在天空中自在遨游。
晚上和月亮
捉迷藏。

如果玩儿腻了
我就变成雨，
跟雷公
结个伴儿，
一起跳到
我家的池塘里。

天空的尽头

天空的尽头有什么？

积雨云不知道，
太阳公公也不知道。

在天空的尽头，
群山和大海说着话，
人像鸟儿般在天空飞翔，
那里是不可思议的魔法王国。

万宝槌[1]

如果我得到一把万宝槌，
我要用它敲出什么呢？

羊肝羹、蛋糕、甜豆儿，
和姐姐一样的手表。
除了这些我更想要一只雪白的
能唱出美妙歌声的鹦鹉，
还要敲出戴着红帽子的小人儿，
每天给我跳舞。

不不不，我更想要
像童话中的一寸法师那样，
一下子变高，
长成大人该多好！

1 万宝槌：也叫幸运小槌，只要敲一下就可以实现一切愿望。出现于日本古代童话《一寸法师》和《龙宫童子》中。

日 月 贝[1]

西边的天空
是茜红色的，
红红的太阳
沉在大海里。

东边的天空
是珍珠色的，
挂着圆圆的、黄色的
月亮。

黄昏落下的
太阳，
和拂晓沉落的
月亮，

1 日月贝：贝壳的表面一扇为黄白色，另一扇为深红色，将这两扇贝壳比作月亮和太阳，故有此名。

相遇在深深的
海底。

有一天，
一个渔夫拾起了
红色和淡黄色的
日月贝。

爱哭鬼

像是在什么地方听谁说过：
“爱哭鬼，讨厌虫，
夹起来，扔出去。”[1]

悄悄望了望周围，
樱花树的绿叶子上，
刚好有一只毛毛虫。

旋转塔[2]的影子投在地上，
运动场空空荡荡。

远处的校园里
回荡着风琴幽静的声响。

1 这是日本昭和时代儿童传唱的谚语。因为一点儿小事就哭鼻子的人被伙伴们讨厌，这种人被比作毛毛虫。这句谚语也成了不让爱哭鬼加入到团体中的宣言。

2 旋转塔：一种游戏用具，柱子的顶端垂下数根铁索，玩耍时手抓铁索绕柱旋转。

事到如今已经回不了家了，

摆弄着樱花的树叶暗自想。

葫芦花

天上的星星
问葫芦花，
你不寂寞吗？

奶白色的
葫芦花说，
我不寂寞呀。

从那以后，
天上的星星
若无其事地
眨着眼睛不再说话。

觉得寂寞的
葫芦花
渐渐地
把头低下。

栗　子

栗子，栗子，
什么时候落下来呀？

我想要一颗栗子，
好想摘下来啊。
可它还没落下来
就去摘的话，
栗子树
会生气吧？

栗子，栗子，
快点落下来吧。
我乖乖地
等着呢。

大海的孩子

大海的孩子找到了，
他在高高的礁石上。
海螺的孩子找到了，
他和大海的孩子做着伴儿呢。

大海的孩子好可爱呀，
海螺的孩子也好可爱呀。

第二部分

美丽的小镇

橡　子

在橡子山
拾橡子，
放进帽子里，
装在围裙里。
下山啦，
帽子好碍事啊，
好害怕滑倒啊。
扔掉了橡子，
戴上了帽子。
到了山脚下，
田野里开满了花。
采花啦，
围裙好碍事啊，
最后只好把橡子
全扔啦。

初　秋

凉凉的晚风吹过来。

如果在家乡，
现在能远远地看见
海面上的夕阳，
黑牛被牵着回家。

乌鸦在蔚蓝的天空中
啼叫着归巢。

菜地里的茄子被摘了吧？
稻穗正在开花吧？

好寂寞啊，好寂寞，
在城市里，
只有房屋、尘土和天空。

偷懒的挂钟

房间里的挂钟暗暗地想，
今天是周日，秋高气爽，
男主人不上班，
少爷、小姐也不上学，
大家都休息。

只有我一个人嘀嗒嘀嗒地转，
多没意思啊，
索性打个盹儿或出去玩儿吧。

有人发现了偷懒的挂钟，
咯噔咯噔地给它上发条，
挂钟叫着说对不起对不起
又转了起来。

沙子王国

我现在是
沙子国的国王。

高山、峡谷、原野和河流，
我想怎么改造就怎么改造。

即便是童话里的国王，
也不会如此随意地
改造自己国家的山川吧。

我现在
真是个了不起的国王。

草 原

如果光着脚走过
布满露珠的草原，
脚会被染得绿绿的吧，
会沾上青草的味道吧。

如果这样走啊走，
直到变成一棵草，
我的脸蛋儿会变成
美丽的花朵，盛开吧。

光的秀发

落下来啦，落下来啦，
站在海边的沙滩上，
看见一个又红又大的
落日的绒球。

闪亮亮啊，闪亮亮啊，
金色的丝，
那是落日的
光的秀发。

编织呀，编织呀，
用金色的细丝
将火红的绒球，
编织在麻叶上。

带花纹的和服

静静的，秋日的黄昏
穿着美丽的带花纹的和服。

白色的徽章是月亮，
淡蓝色和服上的
裙裾花纹是藏青色的山峦，
海水亮晶晶的，像银色的细沙。

藏青色的群山上一闪一闪地
散落的灯光是刺绣吧。

会嫁到什么地方去呢？
静静的，秋日的黄昏
穿着美丽的带花纹的和服。

行军象棋

行军象棋中的小骑兵，
成了敌人的俘虏。

成了俘虏的小骑兵，
想从敌人的手掌里逃生，
因为太着急，从棋盘上掉落。

哎哟，哎哟，不得了了，
快来救我呀，烫死我了！

一只受惊的苍蝇飞过来，
发现小骑兵掉进了火盆，
火盆里没有火，小骑兵一脸灰。

美丽的小镇

突然想起那座小镇，
河畔的红色屋顶。

还有，碧绿的宽宽的河面上，
白色的帆船
静静地，静静地，移动。

还有，河岸的草地上，
一位年轻的画家叔叔
若有所思地望着水面。

还有，我在做什么呢？
怎么想不起来了？
原来那只是从别人那里借来的
书中的插画呀。

第三部分

记事本

魔　杖

玩具店的老板，
在春日的护城河边
睡着了。

我躲在这里的柳树荫下，
轻轻地摇一摇手中的魔杖，
玩具店里的玩具就都活了，
橡皮做的鸽子，飞了起来，
纸糊的老虎，低声地咆哮……

要是那样的话，
玩具店的老板
会是一副什么样的表情呢？

晴朗的秋日

好天气，好天气，
河边的树梢上，
伯劳鸟高声啼叫。

晒干了，晒干了，
稻田里收割的稻穗，
挂在朴树架子上晾晒。

一辆辆，一辆辆，
对面的街道上，
载着稻穗的马车接连经过。

好天气，好天气，
伯劳鸟的叫声，
在深不见底的蓝天里。

放河灯[1]

昨夜，河面上漂走的
灯笼，
摇摇晃晃地
漂到了哪儿?

向西，向西
一直漂到，
海与天的
交界。

啊，今天，
西边的天空
被染红了。

1 放河灯：放流精灵的一种。将点燃的灯笼放到河里或海里去放流，一般在盂兰盆节的最后一天举行，以祭奠自己的祖先或溺水的死者以及那些无人祭祀的亡灵。

记 事 本

清晨寂静的沙滩上，
我拾起了一本小小的记事本。
红缎子的封面，烫金的字，
里面什么都没写。

是谁落在这里的呢？
问海浪，海浪哗啦啦，
沙滩上没有一个脚印。

那一定是南归的燕子，
为了记旅行日记而买的，
今天清晨飞过这里时，
遗落在这儿的吧。

彩　纸

今天的天空阴沉沉的，
让人觉得很冷清。

昏暗的码头上，
一群白鸽在玩耍。
多想在它们的小脚上
挂一长串五颜六色的彩纸啊。

这样，白鸽一起飞起来的话，
天空该有多么美丽啊。

夜里的风

夜里的风是调皮的风，
一个人经过好寂寞啊。

摇摇合欢树的叶子吧，
合欢树的叶子被摇得
做了一个乘船的梦。

摇摇小草的叶子吧，
小草的叶子被摇得
做了一个荡秋千的梦。

夜里的风很无聊地
独自吹过了天空。

遗忘的歌

今天，我又来到这里，
这座开着野玫瑰的草山，
回想那首早已遗忘的歌。
回想那首比梦还远，
让人怀念的摇篮曲。

啊，唱起那首歌的话，
草山的门就会打开。
往日的妈妈，
会出现在我眼前吧。

今天我又寂寞地站在草丛中，
今天我又遥望着大海回想着。

“船是银色的，桨是金色的。”
啊，前一句是什么？后一句是什么？
我再也想不起来的那首歌。

天空的颜色

大海呀大海，为什么是蓝色的？
那是因为有天空的映衬。

天空阴沉沉的时候，
大海也映得阴沉沉的。

晚霞呀晚霞，为什么是红色的？
那是因为有夕阳的映衬。

可是白天的太阳又不是蓝色的，
天空为什么是蓝色的呢？

天空呀天空，为什么是蓝色的？

海　鸟

每一天都奔向岸边的
连绵起伏的波浪啊。

刚刚涌上来的波浪，那个波浪，
是从哪里来的呢？

现在就要退去的波浪，那个波浪，
又要退到哪个岸边呢？

浮在波浪上的海鸟，
你一定知道吧。

如果你告诉我的话，
下一次庙会我就带你去看热闹。

第四部分

月亮出来了

秋天的消息

大山写给小镇的信：
“柿子、栗子都熟了，
白头翁和斑鸫鸟比赛唱歌，
山里像庙会一样热闹。”

小镇写给大山的信：
“燕子们回南方去了，
柳树的叶子落下来了，
天气凉了，变得冷清了。”

捉迷藏

自己藏起来
总是被找到。

别人藏起来
总是找不到。

总是总是
找不到。

总是
找别人的
捉迷藏。

天黑了，
想家了。

山　岭

晚风
呼啦啦地吹过
一片高粱地，

皎洁的
月亮
爬过山岭。

山岭上
无精打采地
走着一匹困倦的马。

越过
山岭，
却还是一片高粱地。

我的故乡

妈妈的故乡
在翻过这座山，
开着桃花的
桃花村。

姐姐的故乡
在越过这片海，
海鸥群集的
孤岛上。

我的故乡
不知道在哪儿，
应该在
某个地方吧。

编故事

广阔美丽的草原上

银光闪闪的是湖水。

湖水岸边的宫殿里

有一位小小的女王。

（那是被施了魔法的湖，

变小的女王就是我。）

女王身后站着一排侍女，

（那是同样被施了魔法

变小的我的朋友们。）

女王的前面站着一位大胡子的总管。

（那是被施了魔法的我的老师啊。）

金色的时钟响起来，

小小的女王在花瓣中

开始享用美味的花蜜。

我编了这样的故事，

却被大人们笑话了。

心里有种说不出的寂寞啊。

漂 浮 岛

我渴望拥有一座岛。

一座小小的漂浮岛，
随着波浪轻轻摇。

岛上开满了鲜花，
花丛中有我小小的家。
小岛的影子投映在碧绿的海上，
随着波浪缓缓地漂。

看够了海面的风景，
我就一头扎进海水里。
如果钻到我的小岛里，
还能玩捉迷藏的游戏。

我好渴望拥有一座
那样的小岛。

树叶小船

黑蚂蚁是个探险家，
乘着树叶小船要出发。

小蚂蚁乘着绿色的小船，
不远千里驶向海那边。

听说海那里有座小岛，
岛上有糖山、蜜河。

那里没有可怕的鸟儿，
那里不是蚂蚁的地狱。

小蚂蚁乘着绿色的小船，
独自探寻驶向海那边。

孩子们的钟表

不知道有没有这样的钟表，
像城堡一样大，
三里之外就能看清表盘上的数字。

大家在钟表的房间里，
推着时针转圈圈。

抱着钟摆荡秋千，
向远方眺望。

早晨大家一起唱歌，
把太阳公公叫醒。

如果晚上星星也出来的话，
我会多么的高兴啊。

玻　璃

我想起了一个下雪天，
落在地上被打碎的窗玻璃。

过一会儿，过一会儿再捡吧，
窗玻璃久久没有被捡起。

每次看到那条跛脚的狗，
我就想，那一天，
它是不是经过了我家的窗下。

忘不了，下雪的那一天，
在雪里闪闪发光的窗玻璃。

鸢

鸢在天空中慢慢地用翅膀
画了一个圆圈。
在那个圆圈里
寻找着什么。

透过圆圈望向海面，
里面游着十万条沙丁鱼。
透过圆圈望向陆地，
里面躲着一只小老鼠。

鸢在天空中慢慢地用翅膀
画了一个圆圈。
透过那个圆圈
抬头一看：

我看到了白日里的
一弯月亮。

月亮出来了

别说话，
别说话，
看，月亮出来了。

山的
轮廓
一下子变得清晰了。

在大空的
深处和
大海的深处，

有一抹
光亮
正慢慢地溶化呢。

国王的马

国王的马是木头做的，
随从的马是泥土做的。

可是，在玩具国，
国王的马是金的马，
随从的马是银的马。

下雨天，
泛黄的榻榻米在玩具国里，
也变成了青空和碧草。
玩具国里传来阵阵的铃铛声，
那是金铃铛发出的清脆的声响。

护城河边

在护城河边遇到了你，
你却装作不认识似的望着河面。

昨天，我们刚刚吵架，
今天，却又有些想念。

我试着向你挤出个笑脸，
你却装作不认识似的望着河面。

抛出去的笑容无法收回，
眼泪也止不住地涌出来。

我一下子跑开了，
脚下的碎石子像波纹般飞散。

第五部分

没有家的鱼

眸　子

大家的眸子
都是有魔力的壶啊。

橘树的围墙
和墙外的街道，
街上的马车和马
还有赶马的车夫，
荞麦田，
梧桐树，
远处的青山，
天上的白云，
全都变小了，
装进了这个魔法壶。

黑色的眸子是
有魔力的壶啊。

花瓣的波浪

院子里的花落了。
山丘上的花落了。
全日本的花都落了。

把散落在整个日本的花
都收集起来抛向大海吧。

在静谧的夜晚，
乘着红色的小船划向海面，
让小船在五颜六色花瓣的
波浪中摇晃着，
驶向远方的海岸。

转校生

那个从外地来的学生
是个可爱的孩子，
怎样能成为
她的伙伴呢？

午休的时候
看见
那个孩子
靠在樱花树下。

那个从外地来的学生
讲着外地的方言，
我该用什么样的语言
和她讲话呢？

放学的路上

忽然发现，

那个孩子

已经有小伙伴了。

神奇的港口

陈旧的港口里的大钟，
六点挂在表盘的上方。
不知为什么，两个指针
不停地向左旋转。

腐朽破碎的栈桥上，
开出一朵鲜红的花，
摇曳在正午的阳光中。

黑色平静的水面上，
停着一艘古老的船，
如同沉默的大山。

那样的港口，

在哪里？在何时？

问谁谁都不知道，

那只是我的一个梦。

我的蚕宝宝

在小小的箱子里，
睡着我的蚕宝宝。

玩具人偶虽然可爱，
却不会说话，不能动。

蚕宝宝，发出悦耳的咀嚼声，
吃着嫩绿的桑叶。

不久会结出七个厚厚的茧，
抽出七股银亮亮的丝线。

织一件小女孩儿穿的
彩虹色的衣服吧。

亲密地在一起吃着桑叶的，
是我的蚕宝宝。

没有家的鱼

小鸟筑巢于枝头，
兔子住在山洞里。

牛有牛棚，睡在稻草地上，
蜗牛总是背着自己的壳。

它们都有家啊，
晚上都可以睡在自己家里呢。

可是，鱼有什么呢？
没有挖洞的手，
没有坚硬的壳，
也没有人为它搭房子。

没有家的鱼，

在潮水呼啸的夜晚，

在寒冷的夜晚，

只能整夜整夜地游来游去。

知了的外衣

妈妈，
屋后的树荫下，
有一件
知了的外衣。

知了也一定是因为热
才把它脱掉的，
脱下来，忘了，
就飞走了吧。

到了晚上
它会很冷吧？
我们要把外衣
送到哪儿去呢？

魔术师的手掌

从桃子里变出桃太郎，
从甜瓜里变出瓜公主。

从鸡蛋里变出小鸡，
从种子里变出树芽。

从群山里变出太阳，
从大海里变出云岭。

白鸽子是从魔术师的
手掌里变出来的。

我，也是从哪个魔术师的
手掌里变出来的吗？

春天的早晨

麻雀喳喳叫，
天气这么好，
迷迷糊糊，迷迷糊糊，
好想睡觉。

上眼皮想睁开，
下眼皮却还不愿醒，
迷迷糊糊，迷迷糊糊，
好想睡觉。

阿婆的故事

阿婆再也不讲故事了，
那些故事，我明明很喜欢。

当我说“早就听过了”的时候，
阿婆的神色是那么寂寥。

阿婆的眼睛里曾映着
荒山里的野玫瑰花。

好怀念那些故事啊，
如果再给我讲一次的话，
五遍、十遍，我都会
静静耐心听着的。

萤火虫的季节

又到了
捕捉萤火虫的季节。

用新的
麦秆
编一个
装萤火虫的小笼子吧，
沿着小路编啊编着
向前走吧。

鸭跖草[1]开着蓝花，
小路上露珠闪闪，
光着脚踩啊踩着
向前走吧。

---

1 鸭跖草：鸭跖草科一年生草本，自生于田间或路旁，高 20cm 左右，6~9 月连续不断地开蓝花，花为一日花。

花的名字

书中有好多
花的名字，
可我却不认识那些花。

在城市里看到的是人和车，
海面上尽是船只和波浪。
港口总是冷冷清清的。

有时，会在花店的花篮里，
看到一些漂亮的花，
可我却不知道它们叫什么。

问妈妈，妈妈说，
在城里住久了，都忘记了。
我总是感到很寂寞。

我要把玩具娃娃、
书、皮球都扔掉，
现在，现在我就要去。

我要奔跑在广阔的乡间田野上，
认识各种各样花的名字，
如果能和它们做朋友就更好了。

乡村的画

我欣赏着一幅乡村的画。
寂寞的时候，
去画中白色的小路上散步。

小路对面有一间水车小屋，
里面虽然看不见，
但一定有位和蔼的值班老爷爷。
小屋阴凉处的茱萸树上，
结的红果子很受欢迎吧。

从这里可以看到，大山的背阴处
有一座小小的村庄。

画中的小路上，

一个人都没有，静悄悄的。

画的外面，有忙碌的人群和车辆，

画里却是一片宁静。

总是，宁静的好天气。

第六部分

雨　后

卖鱼的阿姨

卖鱼的阿姨，
请你朝那边看一看，
现在，我要帮你
插一朵花，
一朵樱花。

因为阿姨，你的头发上
没有花簪子，
没有星星发夹，
什么都没有，好冷清啊。

快看！阿姨，
你的头发上
开着山樱花，
那是比戏里公主的
头钗还漂亮的花啊。

卖鱼的阿姨，
请你转过头来，
刚刚，我帮你
插了一朵花，
一朵樱花。

燕子妈妈

扑棱一声飞出去，
很快地绕一圈，
马上飞回来。

扑棱一声飞出去，
画了个弧线，
马上又飞回来。

扑棱一声飞出去，
飞到小巷子里，
马上又飞回来。

即便试着飞出去，

即便试着飞出去，

也还是放心不下。

放心不下

在鸟巢里的

小宝宝。

宫殿里的樱花

宫殿庭院里的八重樱[1]
不开花了。
宫殿里的官爷
在城里张贴了悬赏告示。

在长满绿叶的八重樱树下，
剑术师说：
“不开花，我就砍了你。”

城里的舞女说：
“欣赏完我的舞蹈，
你一定会笑着开花吧。”

1　八重樱：樱花的一种，花为八重瓣的樱花。花瓣重叠着开放，比一重樱花颜色更重，较其他樱花开放时间略晚。

魔术师说：

“让牡丹、芍药、罂粟花，

都在它的枝头开放吧。”

于是樱花说话了：

“我的春天已经过去了。

当大家都忘记的时候，

我的春天还会再回来。

那个时候，我才开花，

开出我自己的花。”

船　帆

抵达港口的船帆，
全都又黑又旧。
航行在海面上的船帆，
却都洁白闪亮。

遥远海面上的，那艘船啊，
请你，一直不要靠岸。
你要，只在海天之间，
一直向着遥远的远方航行。

闪亮着，向远方航行。

蚊 帐

蚊帐里的我们，
是落网的鱼儿。

在蓝色月夜下蓝蓝的海中，
蓝色的网随着波浪摇荡。

迷迷糊糊睡着的时候，
空闲的星星就会过来收网。
半夜里睁开眼一看，
发现自己躺在云里的沙滩上。

雨　后

背阴的树叶
是个爱哭的小孩儿，
抽抽搭搭地
哭着。

向阳的树叶
笑起来，
脸上的泪痕
已经干了。

谁，借给
背阴的树叶，
那个爱哭的小孩儿
一块手帕吧。

天空的鲤鱼

池塘里的鲤鱼啊，为什么跳起来？

是想变成大大的鲤鱼旗[1]，
遨游在蔚蓝的天空里？

大大的鲤鱼旗，只挂在今天，
明天就要被取下，收起来了。

与其指望着那些缥缈的事情，
还不如跳跃，上升，回头看一看。

你的池塘的水底，
映着空中的鳞云。

你也遨游在云朵之间，
是天空的鲤鱼啊，你不知道吗？

1　鲤鱼旗：五月五日是日本的男孩儿节，节日前后，日本人有在院子里悬挂鲤鱼旗的习俗，以祈祷家中男孩儿健康成长，早日成才。

蓝色的天空

什么都没有的
蓝色的天空，
像风平浪静的
大海。

真想
跃进天空里
畅快地游啊。

溅起的一串
水花，
会变成
云朵吧。

大海和海鸥

我以为大海是蓝色的，
我以为海鸥是白色的。

可是，眼前，这大海，
海鸥的羽毛，都是灰色的。

大家可能都知道，
但那却不是真的。

我知道天是蓝色的。
我知道云是白色的。

大家都看着呢，都知道，
但那可能也不是真的。

看不见的东西

睡着的时候会发生什么呢?

浅桃色的花瓣
飘落在地板上,
睁开眼睛,花瓣会一下子消失。

谁也没见过的东西,
可能会有人说那是假的吧。

眨眼的一瞬间会发生什么呢?

白色的骏马张开翅膀,
比白翎箭还要快地
飞过蓝色的天空。

谁也没见过的东西,
可能会有人说那是假的吧。

簪 子

谁也不知道，
我给那个簪子
包上了千代纸[1]，
偷偷地玩儿。
妈妈在烧水，
哥哥出去跑腿了……

有人看到吗？
我把那个簪子
悄悄地
藏了起来。
太阳公公已经落山了，
月亮婆婆还没有升起来……

1 千代纸：日本折纸游戏时使用的彩纸，也可张贴于盒箱上做装饰，也是纸手工艺品、纸人偶的材料。

有人会发现吧，

那个簪子的

花脑袋

已经掉下来了。

白天也有昏暗的角落，

金银草长得如此茂密……

谁也不知道，

谁也不知道。

第二辑

天堂里的妈妈

第一部分

深夜的天空

向着明亮那方

向着明亮那方，
向着明亮那方。

哪怕只有一片叶子，
也要朝着阳光倾洒的方向。
——那灌木丛中的小草啊。

向着明亮那方，
向着明亮那方。

哪怕会烧焦了翅膀，
也要飞向灯光闪烁的方向。
——那夜晚飞舞的小虫啊。

向着明亮那方，

向着明亮那方。

哪怕只有分寸的宽敞，

也要朝着阳光照射的方向。

——那住在都市里的孩子们啊。

深夜的天空

大人和草木睡着的时候，
天空真的很忙碌。

每一颗闪烁的星星，
都背着一个美丽的梦。
为了把这些梦送到大家的床边，
星星们忙碌地在天空往返穿梭。
露姑娘为了赶在天亮前，
将露珠分发到
小镇露台的花朵上，
深山草木的叶子上，
架着银马车飞奔着。

花和孩子们睡着的时候，
天空真的很忙碌。

芝草[1]

它的名字叫芝草，
却从未有人这样叫它。

它真是太没意思了，
长也长不高，还遍地都是，
竟然都长到了路中央。
用尽力气，
也拔不掉，
多么坚韧的小草。

紫云英[2]开红色的花，
紫花地丁叶子嫩，

1 芝草：泛指草坪或路边成片生长的小草。

2 紫云英：又名红花草，豆科草本植物，种植于休耕的稻田，早春开紫红色的花。

簪子花[1]可以插头发，
京雏花[2]可以做笛子。

可是如果原野上，
长的都是那样的花草，
玩儿累的我们，
又该坐在哪儿，躺在哪儿呢？

绿绿的，坚韧的，柔软的，
让人欢喜的窝啊，芝草！

1 簪子花：石蒜的别名之一。儿童常把花茎折为数段，表皮部分相连，模仿头簪的样子插在头发上玩耍。

2 京雏花：萱草的一种，百合科多年生草本植物。

牵牛花的蔓

牵牛花爬出
矮矮的围墙，
正在找一个
可以依靠的地方。

东瞅瞅
西望望，
找来找去
找烦了。

可是，
恋着太阳的牵牛花，
今天又长了
一寸。

快快长吧，牵牛花，
一直向上，
向着仓库的方向，
接近那缕阳光。

去年的今天

——大地震纪念日

去年的今天，这个时候，
我正在搭积木。
积木的城堡，哗啦啦
一瞬间就坍塌了。

去年的今天，傍晚，
我在草坪上。
黑烟滚滚，好可怕，
还能看到妈妈的眼睛。

去年的今天，天黑后，
无数的房屋失火了。
那一天刚收到的洋服
和积木的城堡都被烧了。

去年的今天，深夜，
火光照亮了云层，
云层里看到惨白的月光，
我被妈妈抱着呢。

衣服都是新买的，
房子也是重建的，
可是，妈妈却回不来了。
今年，我感到好寂寞啊。

点　心

我偷偷地藏了一个
弟弟的点心。
我才不会吃呢，
可我却吃了
一个。

如果妈妈告诉他有两个，
该怎么办啊？

放下，
拿起又放下，
弟弟还没来，
我又吃了
第二个。

苦涩的点心，
悲伤的点心。

烟　花

细雪纷飞的傍晚，
撑着伞走过
干枯的柳树下。

忽然想起
夏夜柳荫下
升起的烟花。

好想看到
在雪中绽放的烟花，
好想看到那样的烟花啊。

细雪纷飞的傍晚，
撑着伞走过
干枯的柳树下。

我仿佛闻到了
很久以前令人怀念的
烟花的味道。

秋　天

路灯一盏盏
亮着，
一盏盏
织着灯影，
街道被织成了
美丽的条纹模样。

条纹的亮处，
有穿着浴衣[1]的
三五个人。
条纹的暗处，
秋天悄悄地
躲在那里。

1　浴衣：夏季穿的棉布做的单层衣物。

船上的家

爸爸
妈妈，
还有我
和哥哥。
船上的家多开心啊。

装卸完货，太阳落山了。
邻家船的帆柱上，
挂上了长庚星的时候，
在红红的篝火旁，
听着爸爸的故事，我睡着了。

拂晓的启明星发白的时候，
乘着清晨的微风扬帆。
出了港是广阔的大海，
雾霭消散，小岛浮现，
波光闪亮，鱼儿跳跃。

午后海风吹起，
波浪此起彼伏。
在遥远的海天之间，
金色落日下沉的时候，
大海比花儿还美丽。

吃着用潮水煮的饭，
小船满载着阳光，
船帆满载着海风，
在广阔的海面上起航，
船上的家多开心啊。

大海的布娃娃

大大的珍珠球，
各种各样的贝壳、珊瑚，
这些，人鱼的女儿已经厌倦了。

她哭着说我想要，我想要
陆地上孩子拿的
黑眼睛的布娃娃。

宠爱女儿的人鱼妈妈，
击沉了一艘船，
夺走了船上孩子抱着的布娃娃。

人鱼的女儿一看到布娃娃，
就渴望远处岸上的世界，
最终丢弃了大海，离开了。

海里的布娃娃在柔软的
海藻的摇篮里，恬静地睡着，
一直做着梦。

跑到陆地的人鱼，
眷恋着，眷恋着故乡，
变成了礁石上的一只小海鸟。

猎　人

我是一名小猎人，
我是一名神枪手。

猎枪是小小的杉木枪，
子弹挂在了树的枝头。

绿色的猎枪，扛在肩上，
急匆匆地走过山路、小径。

我是一名善良的猎人，
在其他猎人赶到之前，
我快速地穿过人群，向鸟儿
射击绿色的子弹。

绿色的子弹打不疼，
鸟儿吓得只顾飞。

那个时候，小鸟会很生气吧，
可是，可是，我还是很高兴。

我是一名小猎人，
我是一名神枪手。

绿色的猎枪，扛在肩上，
急匆匆地走过山路、小径。

海的颜色

早晨的海是闪闪发亮的银色，
银光把一切都遮盖了，看不清。
汽艇的颜色、船帆的颜色，
在银光的闪烁中都成了黑色。

白昼的海涌动着蓝色，
蓝色让一切保持原有的样子。
漂浮的稻草屑、竹片，
还有香蕉皮，都是原来的颜色。

夜晚的海是寂静漆黑的，
黑色把一切都藏了起来。
看不见船在哪儿，
只能看见红色的灯影。

杉树和杉菜

一棵杉树唱着说：
我看到了
山的那边有海，
海面上漂着三个
蝴蝶一样的白帆。

一棵杉树唱着说：
我看到了
山的那边
有个大城市，
青铜猪在喷着水。

一棵杉树下的
杉菜唱着说：
我什么时候，
也能长成那么高，
看一看远方的风景呢？

夜

夜晚给群山、森林、
鸟巢里的小鸟、小草，
还有红色可爱的花朵，
都穿上了黑色的睡衣。
唯独没有给我穿。

我的睡衣是白色的，
是妈妈给我穿上的。

风

天空的牧羊人，
我们看不到。

被追赶的山羊，
傍晚，
向旷野的尽头
渐渐聚集。

天空的牧羊人，
我们看不到。

羊群被夕阳
染红的时候，
远处
传来了笛声。

第二部分

遗忘的东西

白百合岛

只有我一个人知道，
很远很远的那个小岛。
我经常在学校的
白杨树下，画小岛的地图。

虽然小岛一扫就会消失，
每次画的地图都不一样，
但湖总在地图的正中央，
宫殿总是建在湖岸上。

比雪还白，散发着香味的
住在宫殿里的小公主，
拖着轻薄的长长的绿纱裙摆，
头上戴着金色的皇冠。

小岛上开满白色的百合花，
花香一直弥漫到了天空上。
可这些长在悬崖上的花，
乘船靠近，也够不到。

在青青的白杨树下，
我经常画这样的地图。

不厌其烦，不厌其烦，每次去，
我都要画“白百合岛”的地图。

地里的雨

萝卜地里的春雨，
洒在青青的叶子上。
——发出嘻嘻笑声的雨。

萝卜地里正午的雨，
落在红色的沙地上，
——悄无声息潜入的雨。

海的尽头

云从那里涌出来，
彩虹也从那里长出来。

真想什么时候坐着小船，
到海的尽头去啊。

太远了，天黑了，
什么也看不见了。

就像摘红枣那样，
真想去海的尽头，
摘一篮漂亮的星星啊。

明亮的家

在长满樱草花的小山坡上，
有一个明亮的家。

从早到晚，房间里
充满了阳光。

粉色的墙壁上挂着
一幅彩虹和天使的画。

那儿的玩具像玩具店那么多，
我还知道玩具的数量。

不知从何时，不知为什么，
它们的名字我都知道。

因为那是我的家，
因为那是我的家。

玫瑰小镇

绿色的小路，沾满了露珠，
路的尽头，有一座玫瑰屋。

风儿吹就会随风摇的玫瑰屋，
随风摇就会花香飘的玫瑰屋。

玫瑰小精灵从窗户里面
展开小小的金色翅膀，
正和邻居说着话。

我轻轻地敲了敲门，
窗户和小精灵就都不见了，
只剩下花儿在风中摇呀摇。

玫瑰色的清晨，

我拜访过的玫瑰小镇。

那天，

我是一只小蚂蚁。

桂 花 灯

房间里红色的灯亮了，
玻璃窗外，桂花树上，
繁茂枝叶里的灯也亮了，
和房间里一样的灯亮了。

深夜大家都睡着的话，
叶子们会围着那盏灯，
大家一起说笑，
还会一起唱歌。

就像我们
饭后那样。

快关窗吧，睡觉吧，
因为我们醒着的时候，
叶子们是不能说话的呀。

隔扇门[1]上的画

这里是沉睡的森林，
大家被坏心眼的仙女施了魔咒，
在森林里睡着了。

戴着红帽子的啄木鸟，
站在侧柏树上，睁着眼睛，
啄着树干，睡着了。

盛开的樱花树旁，
张开翅膀准备飞的
两只白眉鸟睡着了。

1 隔扇门：和式房间用的门窗扇，在木制花格上糊上布或纸等，其四周再装上木框而成，用于隔开房间。

花睡着了没有飘落，

风睡着了没有吹动，

这里是沉睡的森林，

永远沉睡的森林。

麻雀和虞美人花

小麻雀
死了，
虞美人花却红艳艳地开着。

因为它还不知道。
别让它知道了，
悄悄地从它旁边走过吧。

如果虞美人花
听说的话，
会马上枯萎的。

云

好像要去
找谁，
云
钻进了山里。

山里一个人
也没有，
云
从山里出来了。

云一个人
无聊地
从傍晚的天空
飘走了。

日历和时钟

因为有日历，
所以忘记了日期。
看一眼日历，
发现已经四月了。

没有日历，
也记得日期。
聪明的花
在四月开放。

因为有钟表，
所以忘记了时间。
看一眼钟表，
发现已经四点了。

没有钟表，

也知道时间。

聪明的公鸡

在四点打鸣。

折纸游戏

红色的、正方形的彩纸啊，
用它来变个魔术吧。

在我的十指间，
先变成了虚无僧[1]。

一转眼变成了鱼尾巴，
看啊看啊，它正欢快地跳着。

鱼浮上来又变成了小帆船，
小船扬帆要去哪里呢？

船帆放下变成了连体船，
两艘船一起驶向世界的尽头。

1 虚无僧：指日本禅宗支派普化宗之徒。因普化宗之徒游历四方，到处住宿，枕于草席上，故借用虚无之意而称虚无僧。在日本镰仓时代即有“虚无僧”之名。

再变，又变成了风车，
轻轻一吹，呼呼地转起来啦。

再变，又变成了小狐狸，
嗷嗷，接下来变成什么呢？

小狐狸现了原形，变成了纸片，
变成了原来的正方形彩纸。

真是神奇的彩纸啊，
真是好棒的魔术啊。

金　鱼

月亮呼吸的时候，
呼出来的是
柔和又让人怀念的月光。

花儿呼吸的时候，
呼出来的是
清新又芬芳的花香。

金鱼呼吸的时候，
吐出一颗颗美丽的宝石，
就像童话里那个可怜的小女孩儿那样。

遗忘的东西

乡村车站的候车室里，
静静的，夜已深。

破旧的小人偶，孤零零一个人。
你在等待何时的列车啊？

虫儿们为末班车的到来，
惊讶地窃窃私语起来，
手拿扫帚的老爷爷，
也疑惑地盯着小人偶。

破旧的小人偶的妈妈，
去了山的那边吗？
远处，传来山谷的回音。

乡村的车站，夜已深，
虫儿们在低声叫着。

第三部分

星星和蒲公英

两个小箱子

红绸的，缎子的，甲斐[1]绸的，
漂亮的小布头装了一整箱。
黑色的，白色的，绿色的，
亮晶晶的小珠子装了一整箱。
那些都是我的呀。

等有一天，小哥哥
当上了船长，
这两个小箱子就拜托给他。
那些都是我的呀。

小船航行几千里路，
去小人国的岛上交易。

1 甲斐：甲斐国于公元 7 世纪前后成立，属东海道，俗称甲州。日本战国时代为武田信玄所统治。废藩置县后，改名甲府县，再成为山梨县。

回来的时候，甲板上
堆满了岛上的宝物。
那些都是我的呀。

我在明亮的走廊上，
一排排摆满了小布头。
哗啦、哗啦地
数着亮晶晶的小珠子。
那些都是我的呀。

梦和现实

如果梦是现实，现实是梦的话，
那该多好啊。
因为梦里什么规则都没有，
那该多好啊。

白天过后，是黑夜，
我不是尊贵的女王。

月亮用手摘不下来，
人钻不进百合花里。

钟表的时针向右转，
死去的人就不在了。

如果真的没有这些规则，

那该多好啊。

如果是时不时在梦中梦见这些现实，

那该多好啊。

老枫树

十一月的太阳
对院子里的老枫树说，
到季节啦。

院子里的老枫树
正在闷闷地睡午觉，
忘记给叶子染色了。

新建的仓库屋檐很高，
十一月的太阳
只是稍微露了露头。

院子里的老枫树
叶子就这样绿着，
静静地飘落下来。

星星和蒲公英

在蓝蓝天空的深处，
星星像海里的小石子，
在夜幕降临前沉落着。
白天的星星，看不见踪影。
虽然看不见，它却在那里啊，
就算看不见，它也在那里啊。

干枯散落的蒲公英，
默默地躲在瓦缝里，
一直等到春天来临。
它那强韧的根，眼睛看不见。
虽然看不见，它却在那里啊，
就算看不见，它也在那里啊。

花　魂

花儿凋谢了，花魂
在西天菩萨的花园里，
会一朵也不剩地重生。

因为，花儿很善良，
太阳公公叫它的时候，
它会啪嗒绽放，露出笑脸，
送给蝴蝶甜甜的蜜，
送给人们好闻的花香。

风叫它过去的时候，
它也会乖乖地跟去。

就连枯萎的花瓣也会成为
孩子们过家家的饭菜。

麦 芽

农民伯伯把麦子播种在地里。

每天晚上，都会降霜，
每天早晨，霜都被朝阳融化，
田地里还是黑漆漆的一片。

一天晚上，夜里有人来，
他挥了三下拐杖，说：
“孩子们，孩子们，快出来吧！”

第二天，启明星和农民伯伯
一起发现，
地里到处都是麦芽。

两棵草

两粒小小的草种是好朋友，
它们一直约定：
“两个人一定要在一起啊，
一起破土去看广阔的世界。”

可是一粒已经露头，
另一粒却不见踪影。
后一粒出来的时候，
前一粒已经长得很高。

细高挑儿的燕儿草，
在秋风里呼啦呼啦地摇，
它左顾右盼地回头张望，
寻找原来的好朋友。
早已不认识脚下，
开小花的五叶草。

一个接一个

月夜下玩踩影子的时候，
大人来催促“该回家睡觉啦”。
（要是能再玩一会儿就好了。）
但是回家睡了觉，
能做各种各样的梦啊。

正在做着美梦的时候，
被大人叫醒“该上学了”。
（要是不用上学就好了。）
但是去了学校，
会有很多小伙伴，多开心啊。

和大家一起玩跳房子的时候，
上课铃声传进了教室。
（要是没有上课铃声就好了。）
但是听老师讲故事，
那还是很有趣的啊。

别的孩子会不会也这么想呢？
会不会和我一样，这么想呢？

鸟　巢

小鸟，小鸟，
用什么筑巢？

用稻草，用麦秆，筑巢。

小鸟，小鸟，
那些都不适合你。

那用什么筑巢呢？

像你的羽毛一样的青丝，
像你的眼睛一样的黑丝，
像你的嘴巴一样的红丝，
用这三种颜色的蚕丝，
编织着，筑巢吧。

露　珠

谁也不告诉，好吗？
清晨庭院的角落里，
花儿悄悄落泪的事。

如果这事传开，
传到蜜蜂的耳朵里，

它会像做了亏心事一样，
飞回去还蜂蜜吧。

水、风和孩子

在天地间
咕噜咕噜转的
是谁呀？
是水。

绕着全世界
咕噜咕噜转的
是谁呀？
是风。

围着柿子树
咕噜咕噜转的
是谁呀？

是想吃柿子的孩子们。

留 声 机

大人们一定认为，
小孩子不会想事情。

所以，在我乘着我的小船，
好不容易才找到一个小岛，
正要钻进岛上城堡的大门时，
大人们突然打开了留声机。

我不听那些声音，
想让故事继续下去。
可是歌声偷偷地钻进来，
把我的小岛和城堡偷走了。

如果我是花

如果我是花，
我一定会变成乖孩子吧。

不会说话，不能走路，
还能怎么淘气呢？

可是，如果有人走过来，
说我是朵讨厌的花，
我会立刻生气然后枯萎吧。

如果我变成了花，
我还是不能成为乖孩子吧，
我还是变不成花那样吧。

失去的东西

在夏日海边丢失的
玩具小船，那只小船，
回到了玩具岛。
在朦胧的月光下，
回到布满闪亮石子的海岸。

那天，已经拉钩约定好，
却再也没见过的阿丰，
回到了天空之城。
在散落的莲花中，
在天童的守护下。

还有，昨晚的，扑克牌里，
那个可怕的大胡子国王，
回到了扑克王国。
在纷飞的雪花中，
在士兵的护送下。

失去的东西，所有的所有，
都会回到他们原来的家。

夜里凋落的花

晨光里，
凋落的花，
麻雀也会
伴它飞舞。

晚风中，
凋落的花，
吊钟也会
为它歌唱。

夜里凋落的花，
谁来陪它呢？
夜里飘落的花，
谁来陪它呢？

北风之歌

半空中寒风的呼啸声
突然停止的时候，
我想到的——

风在半空中说：
听啊，听啊，这首歌，
我的歌，
在冰的荒原上
生活的小鸟的鸣唱，
在云的旷野上
划过的雪橇的铃铛声，
所有这些都是
我带来的——
没人回答，也没人听。
半空中的风突然
变得很寂寞——

月 光

一

月光从屋顶上，
偷看明亮的街道。

没有察觉的人们，
像白天一样，愉快地
走在明亮的街道上。

月光看着他们，
轻轻地叹了口气，
把没人要的，很多的
影子丢在了瓦片上。

不知情的人们，

穿过街道，仿佛鱼儿

游过光的河流。

他们拖着无声的影子，

一步一步，或深或浅，

或长或短，变幻不定。

二

月光发现了一条
阴暗冷清的小巷，
急忙一下子飞了进去。

那里贫苦的孤儿，
吃惊地睁开眼睛。
月光又飞到了孩子的眼睛里，
一点儿都不疼。
月光之下，那里的破房子，
看起来像是银子做的殿堂。

孩子不久又睡着了，
但月光依然静静地守候在那儿，
一直到天亮。
坏掉的板车，破烂的伞，
甚至是一棵小草，
都在月光里显露出影像。

第四部分

夜里的雪

元　旦

大家一起玩双陆棋[1]吧，
等着大家忙完事情，
等得好寂寞啊。
很远很远的原野上，
传来男孩子们的声音。

关上大门，立起屏风，
漆黑漆黑的房间里，
像大山一样冷清啊。
结满冰的外面传来
吧嗒吧嗒的木屐声。

1　双陆棋：奈良时代以前由中国传入日本的一种室内游戏。起初在宫廷贵族里流行，到江户时代逐渐在民间盛行。双陆棋的玩法很多，是孩子们过年时必玩的一种游戏，今已不多见。

昨天守岁守得心烦，

今早又欢快地穿上了和服，

可是过年真是太寂寞了啊。

姐姐去了学校，

妈妈还没有忙完。

春天的织布机

咚、咚、咚隆咚，
很久以前，掌管春天的佐保女神
开动了织布机。

把麦子织成绿色，
把油菜籽织成黄色，
把紫云英织成红色，
把霞雾织成白色。
五种颜色的织线
已经用了四种，
剩下的
就都织成蓝色。

咚、咚、咚隆咚，
佐保女神
用它织出了天空。

暴风雨的夜

呼啸的风，
咆哮的浪。
海岸边，
守灯者的自言自语。

在这里面，
在这底部，
现在还有珍珠吗？

风的旋涡，
云的旋涡。
在旋涡之上，
蓝色星星的自言自语。

在这里面，
在这底部，
昨夜的花蕾开放了吗？

狗

我家的大丽花开花那天，
酒屋的小黑死了。

我们在酒屋外玩耍时，
总是冲我们发火的阿姨
呜呜地哭了。

那天，在学校
津津有味地说起这件事时，
突然自己也觉得好难过啊。

草的名字

别人知道的草的名字，
我一个也不知道。

别人不知道的草的名字，
我倒知道好几个。

那都是我给它们取的名字，
给我喜欢的草取我喜欢的名字。

别人知道的草的名字，
也不过是谁给取的吧。

知道它们真正名字的，
只有天上的太阳公公。

所以我这样叫它们，
只有我这样叫它们。

紫云英叶子的歌

花儿被摘下后
会去哪里呢？

这里有蓝天，
还有会唱歌的百灵鸟。

可是我总是在想
那个快乐的旅人——
风的去向。

在花枝间寻觅的
那些可爱的小手，
有没有哪一只
会摘下我？

羽绒被

暖融融的羽绒被
送给谁呢?
送给在门外睡觉的小狗吧。

“不用送给我,”小狗说,
“后面山坡上的一棵松树,
正孤零零地被风吹着呢。”

“不用送给我,”松树说,
“睡在原野里的枯草,
还穿着寒霜的外套呢。”

“不用送给我，”小草说，
“睡在池塘里的小鸭子，
还盖着冰被子呢。”

“不用送给我，”小鸭子说，
“雪屋上的小星星，
冻得整夜直发抖呢。”

暖融融的羽绒被，
送给谁呢？
还是我自己盖着睡觉吧。

夜里的雪

大雪，小雪，
下雪的街道上走着
一个盲人，
一个孩子。

明亮的窗内
传来钢琴声。

盲人在听呢，
拄着拐杖。
大雪落在
他的手上。

孩子在看呢，
看着明亮的窗。
大雪点缀在
她的短发上。

钢琴在唱歌，
真诚地
为他们两个
唱出春天的歌。

大雪，小雪，
轻轻地飞舞，
两个人的未来
会变得温暖又美丽吧。

喜欢金子的国王

喜欢金子的国王，
他的宫殿变成了金子做的。

国王用手碰一下玫瑰花，
玫瑰花也变成金子的了。

国王用手抱一下女儿，
连公主也变成金子的了。

国王的手碰到的地方，
全都变成金子的了。

但是，但是，
那个时候，
天空依然是蓝色的。

椅子上

我坐在岩石上，
四周都是大海，
潮水涨了上来。

喂——喂——
朝着海上的帆影，
不管我怎么喊，
帆影还是越来越远。
太阳落山了，
天空那么高，
潮水涨了上来……
（好了好了，该吃饭了。）

啊，是妈妈。

我从椅子的岩石上

纵身一跃，

用力跳进了

房间的大海。

黄　昏

"晚霞夕照"
唱着这首歌的我们
突然一下子沉默了。

谁也不说回家。

但却想起了家里点亮的灯光，
想起了家里饭菜的香味。

"青蛙叫了，回家吧。"[1]
如果谁这样说一句的话，
大家就都陆陆续续地回去了。

1　日语中，"青蛙"和"回家"的发音一样。文中用"青蛙"来代表"回家"的意思。

但是好想再大叫一声，
和大家一起继续嬉闹啊。

草坡，小山，落日，
不知为何吹起了寂寞的风。

第五部分

看不见的城堡

象

好想骑一骑大象啊，
好想去印度啊。

如果那太远的话，
至少也想变小些，
骑一骑玩具象啊。

油菜花田、麦田，
是多么辽阔的森林啊。

从那里追捕的怪兽，
是比大象还大的鼹鼠。

天黑了就借宿在云雀的家，
七天七夜都住在森林里。

满载猎物，
从辽阔的森林里出来。

在紫云英排列的道中央，
抬头仰望天空，
那是多么多么的美丽啊。

草原之夜

白天，牛儿们在那里，
吃着青草。

深夜，
月光从上面走过。

月光拂过的地方，
青草又嗖嗖地长了起来，
为了让牛儿们明天也能吃到。

白天，孩子们在那里，
采摘花朵。

深夜，
天使一个人从上面走过。

天使的脚踩到的地方，

神奇的花又开了，

为了让孩子们明天还能看到。

午　休

“要玩攻城堡了，大家快来啊。”
“要玩捉小鬼了，大家快来啊。”

那一伙，不会让我参加，
那一伙，已经有人当大帅了。

我只好装作没听见，躲在背阴处，
在地面上画着火车。

那边，已经开始分伙了，
那边，正在商量谁当鬼呢。

不知不觉，心情紧张起来，
大家的游戏都开始了。

在一片喧闹中，能听见
后山传来的知了的叫声。

樱花树

如果，妈妈不批评我的话，
好想一下子爬到
樱花盛开的那棵树的枝头。

爬到第一根枝头，
可以在霞雾中看整个城市，
就像是神话里的王国一样。

坐在第三根枝头，
四周被花朵包围，
我成了花仙子，
挥一挥手，
觉得尘土都能开花。

如果没人发现的话，
好想一下子爬到树的枝头啊。

再见

妈妈，妈妈，请等等我，
我实在太忙了。

马厩里的马，鸡窝里的鸡，
还有那些小鸡雏，
我要和它们说再见呢。

如果能遇见昨天那个砍柴的叔叔，
我还想去山里看看呢。

妈妈，妈妈，请等等我，
我还忘了一件事。

回到城里就看不到的

路边的鸭跖草、蓼花[1]，

这种花，那种花，看看它们，

我要好好地记住啊。

妈妈，妈妈，请等等我。

1 蓼花：一年生蓼科草本植物，多为野生，夏秋开浅红色穗状小花。

学　校

有坐着船来的孩子，
有越过山来的孩子。

后面的山上，传来蝉的叫声，
前面的堤岸，刮着芦苇的风。

穿过田地能看见大海，
满帆的船、偏帆的船都从海面驶过。

红色的瓦上，雪融化了，
蓝色的天空下，桃树开花了。

新生们来的时候，
水葫芦鸟和不老鸟都在叫。

黑色的书包背在肩上，
还摘了红色的草莓呢。

红瓦片的学校啊，
倒映在水中的，是它的屋顶，
倒映在水中的，是它的影子，
现在它只存在于我的心里了。

看不见的城堡

我在山林里狩猎，天黑了，
我带着看不见的随从，
回到看不见的城堡。

原野上有一位看不见的牧羊人，
在远处吹着看不见的笛子，
呼唤看不见的羊群。

森林的对面是看不见的城堡，
城堡的金色窗户里，
灯光在一闪一闪地亮着。

我是小小的王子，
骑着一匹看不见的马，
看不见的马铃，叮当叮当地响着。

山樱花

樱花，樱花，山樱花，
我把它插在头发上，
变成了山神公主。

樱花，樱花，山樱花，
站在那棵树下，
山神公主站在树下。

樱花，樱花，山樱花，
给我跳个舞吧，
山神公主这样说。

樱花，樱花，山樱花，
花瓣轻轻地跳起舞来，
跳给山神公主看呢。

樱花，樱花，山樱花，

连头顶的花都飘落下来，

沿着山路飞走了。

这 条 路

这条路的尽头，
会有一大片森林吧。

孤零零的朴树啊，
我们去走这条路吧。

这条路的尽头，
会有广阔的海吧。
莲花池里的青蛙啊，
我们去走这条路吧。

这条路的尽头，
会有繁华的城市吧。
寂寞的稻草人啊，
我们去走这条路吧。

这条路的尽头，
一定会有什么吧。
让我们大家一起，
去走这条路吧。

竹蜻蜓

嘎吱，嘎吱，竹蜻蜓，
飞啊，飞啊，竹蜻蜓。

比二楼的屋顶还要高，
比一棵杉树还要高，
比葛城山还要高。

我削的竹蜻蜓，
替我飞起来吧。

嘎吱，嘎吱，竹蜻蜓，
飞吧，飞吧，竹蜻蜓。

比山上的烟雾还要高，

比云雀的歌声还要高，

穿过这片云雾朦胧的天空吧。

但一定不要忘记，

再回到这条小路上啊。

第六部分

天蓝色的花

天蓝色的花

天蓝色的小花啊，
请你听我说。

很久以前，这里有一个
长着黑眼睛的可爱女孩儿，
就像我刚才那样，
总是仰望着天空。

因为整日映衬在蓝天下，
她的眼睛不知什么时候，
变成了天蓝色的小花，
现在依然望着天空呢。

小花啊，如果
我没说错的话，
你一定比了不起的博士
更了解天空的秘密吧。

我总是仰望天空，
想很多很多事情，
可天空的秘密我一个也不知道，
你们都看着呢，你们都知道吧。

了不起的小花默不作声，
静静地凝视着天空。
被天空染成蓝色的眼睛，
不知厌倦地凝视着天空。

藏好了吗

——藏好了吗？
——还没有呢！
在枇杷树下，
在牡丹丛中，
捉迷藏的孩子们。

——藏好了吗？
——还没有呢！
在枇杷树枝间，
在青青的果实里，
小鸟和枇杷果。

——藏好了吗？
——还没有呢！
在蓝天外，
在黑土里，
夏天和春天。

跛脚走路的孩子

一瘸一拐，一瘸一拐，跛脚走路的孩子。

手里提着穿坏的草鞋，
走在麦田的小路上。

跳起来能看见远处的河流，
能看见那边田埂里的豆花。
跳起来时，麦子仿佛也在跳动。

路边的紫云英开花了，
油菜花也完全盛开了。

右边摘花，左边摘花，
手里穿坏的草鞋碍事了。

穿坏的草鞋就没用了，

一挥手丢掉吧，跛脚走路的孩子。

一瘸一拐，一瘸一拐，跛脚走路的孩子。

金米糖的梦

金米糖
做了一个梦。

在春天的乡下
糖果店的
玻璃瓶里，
做了一个梦。

金米糖梦见自己
乘着玻璃小船
跨越大海，
驶向海对面辽阔的天空，
变成了天空中的
一颗星星。

推铁环

穿过那条街，
穿过这条街，
推着铁环　嘎啦嘎啦。
追上一辆人力车，
追上一辆马车，
不停地追赶　嘎啦嘎啦。
追过第三辆车时，
已经把小城甩在身后，
朝着城外　嘎啦嘎啦。

田间的道路
通向天空，
推向天边　嘎啦嘎啦。
太阳落山了，
把铁环扔进
晚霞里，然后回家。

从海面升起的星星，

头上戴着铁环，

天文台的博士，

惊讶得目瞪口呆。

“不得了了，真是大发现啊，

又多了一颗土星。”

树叶宝宝

月亮说：
“睡吧，睡吧。”
轻轻地给它披上月光，
静静地哼唱着摇篮曲。

风儿说：
“起床啦，起床啦。”
东边的天空泛白时，
摇晃着树枝把它唤醒。

白天照顾它的是
小鸟们。
大家一起唱着歌，
一起在树枝间钻进钻出。

小小的

树叶宝宝，

喝奶睡觉，

睡着睡着就长大了。

擦玻璃

爬上窗户擦玻璃。

擦着擦着发现，教室的
桌子上长了草，
有人在拔草，光着脚。

草丛后面的黑板前，
有人正在涂墨汁。

刚被涂过的黑板上，
开满了山樱花。

对面河堤上背孩子的小姑娘，
渐渐走进了花丛里。

倒映在玻璃上的影子没人知道，
看影子的我也没人知道。

书

寂寞的时候，
趁着爸爸不在，
站在他的房间，
盯着书架里书脊上的烫金字。

有时，偷偷地踮起脚，
抽出一本沉沉的书，
像抱玩偶那样，抱着，
走到明亮的外走廊，看书去。

书里都是横排文字，
一个假名都没有，但是
那些文字像花纹一样漂亮，
还散发着神秘的香气。

舔着手指，一页一页地，
翻着雪白的书页。
书页里的故事，
一个接一个地浮现。

嫩叶的影子映在文字上，
我真的好喜欢，
在五月的外走廊下，
读着爸爸的大书。

第三辑　寂寞的公主

第一部分

急雨蝉声

玩 偶 树

不知何时埋下的种子，
长成一棵小小的桃树。

虽然我只有一个玩偶，
也要把它埋在庭院的角落。

我会忍着寂寞，
等它长出小小的嫩芽。

小小的嫩芽，精心培育，
三年后就会开花。

到了秋天会长出可爱的玩偶，
我要把它们从树上摘下，
分给全城的孩子每人一个，
因为玩偶树还会再结果的。

愿 望

夜深了，
好困啊。

好吧，好吧，睡觉了。
深夜，房间里会
突然出现一个戴红帽子的小人儿，
偷偷地帮我做算术作业。
我相信，那个聪明的小人儿，
一定在什么地方躲着呢。

看不见的星星

天空的深处有什么？

天空的深处有星星。

星星的深处有什么？

星星的深处还是星星。
眼睛看不见的星星。

看不见的星星是什么星星？

那是有很多随从的国王，
爱慕一个人的灵魂。
那是展现在世人面前的舞女，
隐藏起来的凄凉。

扑克牌的房子

用扑克牌
搭一个小房子吧。
房间全都朝着阴面，
地板的图案很漂亮，
用一张方片做电灯。

院子里种着黑桃和梅花的树，
还有红桃的花纷纷飘落。

扑克牌的房子，
谁会去住呢？
让四个国王和四个王后当中
令人讨厌的黑桃的
国王和王后去住吧。

把扑克牌的房子

推倒吧。

当当当，时钟响了五下，

打扫卫生的阿姨拿着笤帚过来了。

夏 天

“夏天”喜欢熬夜，
早上又爱睡懒觉。

夜里我睡着后，
它还没睡，早上
我叫醒牵牛花的时候，
“夏天”还没醒。

凉爽的，凉爽的
微风。

哑　蝉

爱说话的蝉，唱歌，
从早到晚唱个不停，
谁看到它时，它都在唱歌，
总是唱着同一首歌。

不会说话的蝉，写歌，
静静地在树叶上写歌，
在谁也不注意的时候写歌，
写着谁也不会唱的歌。

（难道它不知道，秋天来了，
树叶落在地上会腐烂掉吗？）

山里孩子的梦

大山深处的
温泉街上有一家旅馆。
老板家的女儿
做了一个梦，
梦见了美丽的大海。

圆圆的
重叠在一起的
红色波浪上，
飞着成群的
金色和银色的
白鸻鸟。

醒来后想一想，
好孤单啊，
那只是手提箱里的
一把舞扇。

小小的故乡

小人偶，
小人偶，
好想去你的故乡啊。

你的故乡里的草屋顶，
只有我手心那么大吧。

但那里依然有紫云英花开放吧，
你也在摘花吧。

紫云英花摘着摘着，天黑了，
小小的月亮会出来吧。
小人偶，小人偶，
你的故乡的春天，
连我都觉得很怀念呢。

当大大的房间变冷的时候，
当大大的猫吓唬你的时候，
你是多么思念故乡啊。

船之歌

我曾经是一艘年轻的船。
有过热闹的入水式，
被五彩的旗帜装饰着。
第一次出海的时候，
所有的波浪，
一起伏在我面前叩拜。

我曾经是一艘强韧的船。
风暴，波涛，涡潮，
越汹涌我就越勇猛。
银光闪闪的鱼儿堆积如山，
天空渐白，返航的时候，
我像是一位凯旋的勇士。

如今，我老了，

成了海峡上悠闲的摆渡船。

岸边茅草屋旁的向日葵

转着脑袋的时候，我总是半梦半醒，

一边打盹儿，一边回忆往事，

反反复复地梦见往事。

急雨蝉声

火车窗外
急雨般的蝉声。

一个人的旅途，
黄昏时分，
闭上眼睛，
眼睛里，
开着金色和绿色的
百合花。

睁开眼睛，

车窗外，

不知名的山丘

在夕阳里

穿梭。

又传来了

急雨般的蝉声。

月亮和大姐姐

我走月亮也走，
真是好月亮。

如果每天晚上
都不忘来到天上的话，
就是更好更好的月亮了。

我笑大姐姐也笑，
真是好姐姐。

如果总是没有事
能陪我一起玩儿的话，
就是更好更好的姐姐了。

第二部分

睡着的火车

寂寞的公主

被英勇的王子搭救的
公主，回到了城堡。

城堡还是原来的城堡，
玫瑰也像往常一样开放。

可是公主为什么会寂寞，
总是仰望着天空呢？

（魔法师虽然可怕，
可我却很怀念自己是一只小鸟时，
挥动着白色闪亮的翅膀，
在漫无边际的天空中，
去遥远的地方旅行的时光。）

街上花儿飞舞，
城堡里的宴会还在继续。
寂寞的公主却一个人
在傍晚的花园里，
绯红的玫瑰她看也不看，
只是一直仰望着天空。

苹 果 园

在北斗七星下面，
无人知晓的雪国，
有一座苹果园。

没有围栏，也没人看管，
只有园中老树的粗枝上
挂着一个大钟。

孩子摘下一个苹果，
就会敲响一声钟声。

钟每响一下，
就开了一朵花。

在北斗七星下面，
坐在雪橇上的游人
听到了远处的钟声。

听到远处传来的钟声，
冻结的心融化了，
全都变成了眼泪。

火车道口

火车道口的小屋在广阔的天空下。

小屋外面的老爷爷
正在看今天的报纸。

长长的、长长的身影，
裤脚处的马兰花在开，
胸口处的小虫子在爬。

火车道口的栅栏在白色的天空里。

躲在草丛里的蛐蛐儿
看着白天的月亮叫着。

秋天，一夜间

秋天，一夜间来到了。

二百一十天里，风在吹，
二百二十天里，雨在下。
在黎明前风雨止住的话，
秋天会躲在夜色里悄悄地来到。

会坐船登陆港口吗？
会展开翅膀从天空飞过吗？
会从地里一股股地涌出来吗？
谁也不知道，
但它今天早上已经来了。

不知道，秋天在哪儿，
但它确实到了某个地方。

指　甲

大拇指的指甲
是扁平的脸，
很精神的样子，
像我们的老师。

食指的指甲
是歪扭的脸，
要哭的样子，
像哪个马戏团的小丑。

中指的指甲
是圆圆的脸，
总是笑着，
像以前认识的大姐姐。

无名指的指甲
是四方的脸，
总是思考的模样，
像那次旅途中的叔叔。

小指的指甲
是瘦长脸，很漂亮，
它是谁呢？
好像在哪儿见过。

数数儿

天空中的云彩现在有两朵，
路上的行人现在有五个。

从这儿走到学校，
要走五百六十七步，
有九根电线杆子。

我的箱子里原本有
二百三十颗亮珠子，
但有七颗滚在地上不见了。

夜空里的星星，
刚刚数到了一千三百五十，
可是还没数完。

我喜欢数数儿。
什么都要数一数。

一 万 倍

比世界上所有
国王的宫殿加起来，
还要漂亮一万倍。
——那是星星点缀的夜空。

比世界上所有
女王的衣服加起来，
还要漂亮一万倍。
——那是清晨映在水中的彩虹。

比星星点缀的夜空，
清晨映在水中的彩虹，
所有这些加起来，
还要漂亮一万倍。
——那是天外，神的国度。

睡着的火车

睡着的孩子坐上了火车。
火车开出了睡着的车站。

火车经过的是梦之国，
在铺满玻璃珠的路面上，
沿着红色的轨道飞奔。

月儿明亮，云朵绯红，
玻璃塔顶忽闪着
白亮的星星。

所有的景色滑过车窗，
火车朝着睡醒的车站前行。

梦之国的土特产，
没人能带回来。
去往梦之国的道路，
只有睡着的火车知道。

孩子、潜水员和月亮

孩子在田野里摘花，
可是，在回家的路上，
他把花都扔散了。

回到家后，什么也没剩。

潜水员在海底采珊瑚，
可是，浮上来放在船上，
又一个人潜回水里。

自己，什么也没剩。

月亮在天空里捡星星，
可是，十五的夜晚过后，
又把星星撒回天空。

月底的时候，什么也没剩。

芒草和太阳

——再长高一点儿，
——再长高一点儿。
芒草向上伸着腰。

白色娇嫩的昼颜花，
一直暴露在阳光下就要枯萎了，
芒草想用自己的影子，遮住它。

——再等一会儿，
——再等一会儿。
太阳磨磨蹭蹭地不想落下。

大大的篮子里，
只装了一点点草，
割草的小女孩儿好可怜啊。

水和影子

天空的影子，
水里满满都是。

天边上，
映着树丛，
也映着野玫瑰。
水面多么诚实，
什么影子都能映出来。

水的影子，
在茂密的树丛间闪烁。

明亮的影子啊，
清澈的影子啊，
摇摆的影子啊。

水面多么谦虚，

把自己的影子映得那么小。

在水井边

妈妈，在洗衣服，
看一下洗衣盆发现，
肥皂泡上
闪烁着好多小小的天空，
映照出好多小小的我。

可以变得这么小啊，
可以变得这么多啊，
我是一个魔法师啊。

玩一个有意思的游戏吧，
吊桶的绳子上落了一只蜜蜂，
我也变成蜜蜂和它一起玩儿吧。

一下子，我就不见了，
妈妈，你不要担心啊，
我在这儿，就在这儿附近的天上飞呢。

天空，多么蓝呀，
用我的翅膀碰一碰，
心情真好啊。

玩儿累了，落在石竹花上，
一边吸着花蜜，
一边听花儿们讲话。

如果不变成小蜜蜂，
怎么也听不到这些话，
我一直听到了傍晚呢。

我好像变成了蜜蜂，
我好像在天空中飞，
真的好开心啊。

库　房

库房里，微暗。
堆在库房里的
都是些旧东西。

那个角落里的是长凳子，
整个夏天，都在那上面
点线香烟花[1]。

插在房梁上的
那束熏黑了的樱花，
庙会的时候曾插在房檐下。

最里面放着的，
啊，那是一台纺车，

1　线香烟花：缠绕、包裹在细竹棒上的小型烟花，一头手持，点燃另一头，可以挥舞。

很久以前，
奶奶曾经用过。

现在，深夜时它还在纺着
从屋顶泻进来的月光吧。
藏在房梁上的，那些小坏蛋，
蜘蛛们一直惦记着那台纺车，
他们想用偷来的丝，
拼命织出魔咒的网，
总在白天睡觉的纺车却不知道。

库房里，微暗。
库房里面，好令人怀念，
过往日子的一幕幕，
都被织在了蜘蛛网上。

第三部分

橙　花

玻璃和文字

一片玻璃
看起来是透明的，
就像什么都没有一样。

可是
很多块玻璃叠在一起，
就变成大海一样的蓝色。

一个文字
像蚂蚁一样，
又黑又小。

可是
很多文字聚在一起，
就能写出黄金城堡的故事。

白色的帽子

白色的帽子，
暖和的帽子，
难忘的帽子。

不过，没办法，
失去的东西
就是失去了。

但是，帽子啊，
拜托你，
不要掉在水沟那样的地方，
要刚刚好挂在
那处高树的树枝上，
给像我一样笨手笨脚
不会筑巢的可怜小鸟，
做一个温暖的、好的巢吧。

白色的帽子，

毛线织的帽子。

去　年

船，我看到了看到了，
正月，元旦的时候，
没有旗帜，挂着黑帆，
从这里的港口渐渐远去的船。

船，那艘船，
船上装载的，
是被今天的新年日出赶走的
陈旧的去年吗？是去年吗？是吗？

船，渐渐远去，
在它的终点，
有没有去年停靠的港口？
有没有谁在等待着去年？

去年，我看到了看到了，
正月，元旦的时候，
乘上挂着黑帆的船，
远远向西逃去的背影。

喜蜘蛛

一大早，喜蜘蛛垂下来了，
一大早，就觉得很高兴，
今天，一定会来吧。

妈妈不知道，
我要去接爸爸，
他还活着，住在遥远的地方。

我会马上梳好头发，
穿上喜欢的球球衣服，
坐上红色的马车。

红色马车经过的路上，
长着白色的芒草，
野菊花也会开出小小的花朵吧。

走过挂着旗子的小村庄，
走过响着钟声的寺庙前，
走过潮湿、黑暗的森林。

在晚霞消失的时候，
能看到远远的前方，
有个像城堡一样大的房子吧。

爸爸会迫不及待地
从房门里跑出来，
我也会从马车上飞奔下去吧。

我会喊“爸爸”，
不不，应该是什么也说不出来吧，
因为，因为我太高兴了。

一大早，就觉得很高兴，
一大早，喜蜘蛛就垂下来了，
今天，会发生点儿什么事吧。

我

无论哪里，都有我，
我以外，还有另一个我。

在街上店铺的玻璃窗里，
回到家时，在时钟里。

在厨房的水盆里，
下雨天，连路面上也有。

可是为什么，无论何时，
天空里，都没有我呢？

贝壳和月亮

在染坊的染缸里
泡一泡，
白丝线变成了蓝色。

在蓝蓝的大海里
泡一泡，
白贝壳为什么还是白色？

天空
被夕阳浸染，
白云变成了红色。

悬浮在蓝色夜空的
白月亮，
为什么还是白色呢？

汽　车

开过去的
汽车车窗上，
映出
我的影子。

汽车
开过去了，
我的影子
一下子消失了。

已经走远了
走到小镇的尽头，
在春日黄昏的
云朵下。

汽车呀，

现在，

你的车窗上

映着谁的影子呢？

梨核儿

梨核儿是要扔掉的，所以
连核儿都吃掉的孩子，是小气鬼。

梨核儿是要扔掉的，可是
把核儿随地扔的孩子，是小滑头。

梨核儿是要扔掉的，所以
把核儿扔进垃圾箱的孩子，是乖孩子。

扔在地上的梨核儿，
蚂蚁过来，把它拖回家。
“小滑头，谢谢你哦。”

扔进垃圾箱的梨核儿，
收垃圾的爷爷，过来拿，
一声不吭，咣当咣当都运走。

橙 花

每次抽抽搭搭地
哭的时候，
都会飘来橙花的香味。

不记得从何时开始，
闹别扭的时候，
没人来找我。

我已经看腻了，
蚂蚁从墙洞里
不停地爬出来。

墙壁内，
仓库里，
传来大家的欢笑声。

想想又忍不住哭起来，

这时，

飘来了橙花的香味。

第四部分

我、小鸟和铃铛

如果我是男孩儿

如果我是男孩儿，
我要四海为家，
我要，我要当一个海盗。

我要把船涂成大海的颜色，
挂上和天空一样颜色的船帆，
不管去哪儿，谁都找不到我。

驰骋在广阔的海面上，
如果遇到强国的船，
我，会威风凛凛地说：
“嘿，我把潮水送给你们吧。”

如果遇到弱国的船，
我会客气友善地说：
“各位，请把你们家乡的故事留下，
一个一个来。”

不过，那样的恶作剧，
我只在空闲的时候玩一玩，
我最重要的工作是，
要找到把故事中的宝贝
偷运到“往昔”国的
那些坏蛋们的船。

找到他们的船后，
我要打一场漂亮仗，
把宝贝一件不少地夺回来。
隐形斗篷，魔法灯，
唱歌树，七里靴……
我的船满载而归。
海蓝色的船乘着满帆的风，
在蔚蓝广阔的天空下，
在湛蓝宁静的海面上，
向远方航行。

如果我真的是男孩儿，
我，一定会去的。

心

妈妈是个大人，
个头儿很大。
可是妈妈的心
却很小很小。

因为，妈妈说过，
小小的我是她心里的全部。

我是个小孩儿
个头儿很小，
可是小小的我，
心却很大很大。

因为，那么大的妈妈，
也装不满我的心，
我还要想很多很多事呢。

洗　澡

和妈妈一起的时候，
我，讨厌洗澡。
妈妈总是抓着我，
像刷锅一样搓啊搓。

可是，如果一个人的话，
我，是喜欢洗澡的啊。

在澡盆里可以做很多事。
其中我最喜欢的是，
在水面漂着的木片上，
放些肥皂盒啊，装香粉的
缺了口的小瓶子什么的。

（那是一个摆满美味佳肴的
金光闪闪的餐桌，
我是印度的国王，
泡在开满白莲红莲的
漂亮的池子里，
享用着清凉的晚餐。）

带着玩具洗澡，
妈妈早就不允许了。
有时邻居家的花瓣，
会飘落下来变成小船，
有时我的手指，
会像变魔术般长长。

没有人知道，
其实，我是喜欢洗澡的啊。

受伤的手指

绑着，
白绷带，
看着就觉得疼，
我哭了。

借来了姐姐的彩带，
用红白斑点的带子系一下，
我的手指变成了
可爱的小人偶。

在指甲上
画一张笑脸，
不知不觉，
就忘了疼了。

我、小鸟和铃铛

我张开双臂，
也不能在天空飞翔，
会飞的小鸟却不能像我那样，
在大地上飞快地奔跑。

我摇晃身体，
也不能摇出悦耳的声响，
会响的铃铛却不能像我那样，
会唱好多好多的歌曲。

铃铛，小鸟，还有我，
我们不一样，我们都很棒。

落　叶

后院里堆满了落叶。
趁着没人知道，
悄悄地去扫吧。

想着要一个人去，
一个人开开心心的。

沙沙地刚开始扫，
外面来了支乐队。

一会儿再扫，一会儿再扫，
我飞快地跑出去，
一直追到马路的拐角处。

回到后院再看时，
不知是谁，已经扫干净了，
落叶，一个也不剩了。

海 和 山

从海里来的
有什么？

从海里来的
有夏天、风、鱼，
装香蕉的篮子。

还有，乘着新造的船，
从海里来的
住吉庙会[1]。

从山上来的
有什么？

1 住吉庙会：每年 7 月 31 日在大阪市的住吉大社举行的祭祀海神“住吉三神”的祭祀活动。

从山上来的

有冬天、雪、小鸟，

驮着木炭的马驹。

还有，悠悠扬扬地乘着交让木[1]叶，

从山上来的

正月。

1 交让木：常绿乔木，因旧叶和新叶交替明显，故名。叶用于新年装饰。

石榴叶和蚂蚁

石榴树的叶子上有一只蚂蚁。
石榴树的叶子很大，
绿绿的树在阴凉处，
叶子们在树上静静地待着。

可是，小小的蚂蚁，
为了寻找美丽的花朵，出发了。
抵达花朵的路程很遥远。
叶子们默默地看着。

蚂蚁刚到花朵的边上，
石榴花就掉下去了，
掉在了庭院里潮湿的黑土上。
叶子们默默地看着。

一个小孩儿捡起了石榴花，

不知道蚂蚁的存在，

手里攥着花的小孩儿跑开了。

叶子们默默地看着。

山里的孩子、海边的孩子

从山里来的孩子啊，
你在城里看到了什么？

黄昏十字路口
来来往往的人群中，
像林中小屋里透出的灯光一样，
一个茱萸果滚落在地上。

从海边来的孩子啊，
你在城里看到了什么？

电车经过的小水坑里，
映出一片美丽的蓝天，
像白昼里寂寞的星星一样，
水面上浮现鱼鳞状的云朵。

奇怪的事

我奇怪得不得了，
乌云里落下的雨，
竟闪着银色的光。

我奇怪得不得了，
吃绿色桑叶的蚕，
竟长成了白色的。

我奇怪得不得了，
没人碰的葫芦花，
竟自己啪地开了。

我奇怪得不得了，
问谁谁都笑着说，
那是理所当然的。

渔夫的孩子

我会出海吧。
在我长大后的某一天，
在这样风平浪静的日子，
海滩上的小石子为我送别，
我孤独又勇敢。

我会到达一座小岛吧。
遭遇狂风暴雨，
迎来七天七夜后的黎明，
终将奔向我一直向往的
那座，那座岛的那片海岸。

我会写信吧。
我一个人摘了红色果子，
在我自己盖的小屋里，
一边一个人高兴地吃着，

一边写下：给远在日本的朋友们。
（对了，一定要带上信纸，
还要带上信鸽。）

于是，我会等待吧。
那些总是欺负我的
城里的孩子们，
都来找我玩儿，
等待那艘红色的小船。

是的，我会等待吧。
就像现在这样躺着，
望着蓝天和大海。

第五部分

摇篮曲

雪

在无人知晓的原野的尽头，
一只青色的小鸟，死了。
在很冷的、很冷的傍晚。

为了掩埋它的尸体，
天空撒下了雪花，
厚厚的、厚厚的，悄然无声。

无人知晓的村庄里，
站着一排排的房屋，
每间房屋都穿着雪白的、雪白的厚外套。

不久，迎来了新一天的清晨，
天空格外晴朗，
蓝蓝的、蓝蓝的，美极了。

像是要为那小小的圣洁的灵魂，
开辟一条去往天国的
宽宽的、宽宽的道路。

向日葵

太阳公公的车轮，
是漂亮的黄金车轮。

在驶过蓝蓝的天空时，
发出黄金的声响。

在穿过白白的云朵时，
看见了黑色的小星星。
天和地都不知道，
为了不轧到黑色的小星星，
车轮拐了个急转弯。

太阳公公被甩了出去，
脸色通红，十分生气。
漂亮的黄金车轮，
被扔到了遥远的人间，
很久很久以前就被扔下去了。

直到现在，黄金车轮，
依然追随着太阳。

捕　鲸

在海水呼啸的夜晚，
冬日的夜晚，
一边烤着栗子，
一边听故事。

很久很久以前有一群捕鲸者，
他们生活在这片海附近叫紫津的渔村。

冬天，在波涛汹涌的海面上，
狂风卷着雪花呼啸着，
捕鲸的绳索和雪花交织飞舞着。

岩石和小石子是紫红色的，
甚至连海水都是紫红色的，
海岸被染成了鲜红色。

穿着一层层厚厚的棉袄，
站在船头观察，
等鲸鱼不再挣扎的时候，
立即脱掉衣服，
赤身扎进翻滚的波涛中，
很久很久以前的渔夫们——
听着故事，
心情非常激动。

现在，鲸鱼不来了，
渔村变得很贫穷。

海水呼啸着。
捕鲸的故事听完了，
才发现——
冬日的夜已经深了。

在山丘上

头上是蓝蓝的天，
脚下是青青的草。

在童话书中看到了
美丽动人的公主。

可是，她的金头冠
比蓝天要小得多，

漂亮的金鞋子
也远不如青草柔软吧。

头上是蓝蓝的天，
脚下是青青的草。

站在山丘上的我，
才是更完美的公主。

摇篮曲

睡吧，睡吧，
天黑了，
摘来的红色紫云英花
也要睡觉了啊。
它那细细的绿脖子
正往下垂呢。

睡吧，睡吧，
天黑了，
山坡上的那座白房子
也要睡觉了啊。
它那蓝色的玻璃眼睛
已经闭上了。

睡吧，睡吧，

天黑的时候，

忽然睁开眼睛的，

只有电灯泡

和丛林中的

猫头鹰啊。

感冒

随风飘香的
橙花啊，
橙林的
橙树上，
有我昨天挂的
秋千。

今天，我感冒了，
正躺在床上呢。
刚刚来了一位
留着胡子的医生，
他会给我开
很苦的药吧。

白白的
飘香的
橙花啊。

蚊子之歌

嗡——嗡——
在树荫下发现了一辆婴儿车。
睡着的小宝宝，好可爱啊，
让我亲一口吧，在他的小脸上。

哇——哇——
哎呀哎呀，小宝宝哭了。
看孩子的人去哪儿了，去摘花了吗？
让我告诉他吧，我要飞走了，在他耳旁。

啪——啪——
哎呀，好险啊，吓死了！
突然拍过来一巴掌，
真是捡了一条小命，哎呀哎呀。

嗡——嗡——

草丛中的家虽然阴暗，

但还是回家吧，

回家，回到妈妈身边睡觉吧。

猜 谜

猜谜猜谜，猜一猜，
什么东西多得很，想抓却又抓不住？
蓝蓝的大海里蓝蓝的水，
捧起来蓝色就没了踪影。

猜谜猜谜，猜一猜，
什么东西看不见，想抓却又能抓住？
夏天正午时的微风，
用蒲扇就能将它舀起来。

第六部分

早　春

是回声吗

我说："一起玩儿吧。"
回答："一起玩儿吧。"

我说："笨蛋。"
回答："笨蛋。"

我说："不和你玩儿了。"
回答："不和你玩儿了。"

就这样，过了一会儿，
我感到了寂寞。

我说："对不起。"
回答："对不起。"

是回声吗？
不，我们都不是。

睡衣

时钟
走到了八点，
妈妈
给我换上了睡衣。

雪白雪白的睡衣
穿在身上，
做的都是白色的梦。
穿着带小花的，白天穿的衣服，
睡觉时，
会做一个变成小花的梦。
穿着带蝴蝶的，出门穿的衣服，
睡觉时，
会做一个变成蝴蝶的梦。

可是，因为是妈妈
给我穿上的，
我还是默默地穿着吧，
雪白的睡衣。

没有玩具的孩子

没有玩具的孩子，
寂寞的时候，
给他一个玩具他就会好起来吧。

没有妈妈的孩子，
伤心的时候，
给他一个妈妈他就会高兴起来吧。

妈妈温柔地
抚摸我的头发，
我的玩具多得
箱子都装不下。

即使这样
我还是会寂寞，
要得到什么才能好起来呢？

早　春

飞过来的
是皮球，
孩子追在后面。

飘起来的
是风筝，
追着海面上的汽笛声。

飞过来的
是春天，
今天的天空　蓝蓝的。

飘起来的
是心，
远方的月亮　白白的。

红　鞋

天空，昨天今天都很蓝，
道路，昨天今天都很白。

水沟边上也有小花开，
小小的鹅肠花开了。

小男孩儿也换上了轻薄的衣服，
一步、两步地，走起路来。

踏出一步就得意地
笑啊笑，笑出了声。

穿着新买的小红鞋，
向前走吧，孩子，春天来啦。

暗 夜

黑暗又辽阔的原野上，
好像有人在唱歌。

高岗上排列着窗灯，
其中一盏的灯影变暗了。

远方大都市的天空，
模糊了城市里如沙金般的灯光。

阳台上有一个人，
一边吃柑橘，一边眺望。

野玫瑰的花

白色的花瓣
开在刺丛里，
“喂，很疼吧？”
微风
跑过来
帮忙，
花瓣却扑簌簌地
散落在地上。

白色的花瓣
落在土地上，
“喂，很冷吧？”
太阳
默默地，照着它，
为它取暖，
花瓣却变成了茶色，
干枯了。

瘦巴巴的树

森林角落里的一棵树说：
“漂亮的小小的知更鸟，
到我的枝头上，来玩儿吧。”

傲慢的知更鸟，
站在另一棵小树枝上叫道：
“你没有红红的果子，又不开花，
瘦巴巴的家伙，就凭你，
有什么资格召唤我这个森林女王？”

（不知是谁，
听了这些话，
飞到天上报告去了。）

傲慢的知更鸟，
傍晚又飞来时，惊讶地发现，
瘦巴巴的小树的树梢上，
一颗金色的果实在发光。

（圆圆的，十五夜晚的月亮。）

冬　雨

"妈妈，妈妈，你看，
下的雨里夹着雪呢。"
"啊，是啊，雨夹雪啊。"
妈妈一边做着针线活儿，一边回答我。
——下着冬雨的街上，
撑起很多相似的伞。

"妈妈，妈妈，再过七天，
就要过新年了吧。"
"啊，是啊，就要过新年了。"
妈妈一边缝着过新年的衣裳，一边回答我。
——泥泞的街道变成河就好了，
如果变成辽阔的大海，就更好了。

“妈妈，妈妈，有船划过来了，
咯吱，咯吱，摇着橹。”
“好了，好了，你又胡说了。”
妈妈低着头忙着，没有看我。
——我觉得有点儿寂寞，左边的脸颊
贴在了冰冷冰冷的窗玻璃上。

蛐蛐儿爬山

小蛐蛐儿，爬山啦，
从一大早就开始，爬山啦。
　　嗨哟嗨哟，嗨哟，嗨。

山上升起了太阳，田野里的晨露还未干，
我浑身都是劲儿，跳得特别高。
　　嗨哟嗨哟，嗨哟，嗨。

那座山，山顶，是秋色的天空，
周围冰凉凉的，连我的胡须都感觉到了。
　　嗨哟嗨哟，嗨哟，嗨。

跳啊跳，使劲儿跳，昨夜看到的
那颗星星那么远的地方，都能跳到。
　　嗨哟嗨哟，嗨哟，嗨。

太阳，离得好远，这里好冷呀，
那座山，那座山，还是那么远。
　　嗨哟嗨哟，嗨哟，嗨。

这朵花我见过吧，白桔梗花，
这是我昨夜借宿的地方呀。哎——嘿，哎嘿。
　　嗨哟嗨哟，嗨哟，嗨。

山上月色明亮，田野里夜露正浓，
我还是喝点儿露水，睡觉吧。
　　嗨哟嗨哟，嗨哟，嗨。

再版后记

金子美铃的童谣诗集译本《向着明亮那方》自2017年2月出版以来，承蒙广大读者的厚爱，受到了广泛关注。本次在出版方的大力支持下，《向着明亮那方》有幸得以再版，也让我有机会再一次走进诗人金子美铃童话般的梦幻世界。

对于很多中国读者来说，金子美铃这个名字或许还有些陌生，但在日本她却是位家喻户晓的童谣诗人，其作品甚至被收录丁日本的小学国语课本。这位生于明治、活跃于大正、陨落于昭和时期的女诗人在其短短26年的生命中饱尝了苦难与孤独，却从未失去对美好生活的向往与信念。可以说，金子美铃的诗中仿佛充满着一种神奇的力量，尽管她的作品在沉寂半个世纪后才被重新发掘、辗转出版，但这丝毫不影响美铃的诗跨越百年为全世界读者带来感动与震撼。现如今，通过翻译这座文化桥梁，金子美铃的诗已被全世界不同肤色、不同民族、不同信仰的读者所接受，闪烁着更加耀眼的光芒。

在命运多舛的现实生活中，金子美铃始终保持着一颗柔软、不泯的童心。她用温暖、纯真、细腻、稚气又带有寂寥和忧伤的语言勾勒出了一个属于自己的世界。她的世界里有花草鱼虫、纯真的孩子，有清晨的露水、夜里的风，有星星的眼睛、月亮的微笑，有彩色的节日和梦幻中的城堡，还有童话中的国王和公主……万事万物在她的眼中都是有生命的、平等的。金子美铃对这些常常被人忽略的细小事物和弱小生命投以温暖的关注，但暖暖的凝视里却时常飘荡着淡淡的忧伤。

金子美铃的诗通常被定位为儿童诗，内容和表达看似简单、平实，甚至有些稚拙，但细细品味你会发现这些童诗内涵丰富，意味深长。孩子读有孩子的感受，大人读又有大人的体味，每个人都能在她的诗中收获属于自己的独特感动。

至今仍无法忘怀初读美铃诗作时心中泛起的涟漪。那带着淡淡忧伤、如孩童般稚嫩的语气仿佛在向人倾诉，正是作者看似天马行空般的古灵精怪不断充盈着读者的想象与心灵。五年前，接连数月与美铃诗作的接触，使我被其作品中的美丽与哀愁深深感染。在诗作译介过程中尽可能还原原作内容、表达作者意图是翻译的首要任务。在此基础上，追求语言的精炼，注重诗句的韵律和节奏感，力求诗意、诗风的传达也是我努力的方向。五年间，金子美铃的诗作也会常常作为翻译素材出现在我的课堂，学生们对于诗中的语言、意境又有他们独到的理解与感悟。课堂上无数次的头脑风暴、思维碰撞让学生和我仿佛都插上了想象的翅膀，飞向了美铃的童谣世界。

五年后的今天，当我再次走进美铃诗作时，让我对翻译，特别是诗歌翻译又有了新的感悟。译介无止境，特别是诗歌的翻译更是最具有挑战性的，希望在坚实的理论框架指导下与不断的探索努力下为读者呈现出美铃童诗中的亲切、灵动、清新与温暖。

最后，感谢一直以来对本书给予大力支持的读者朋友，感谢在诗集翻译过程中给予诸多指导的日籍专家池上孝老师，感谢为本书再版付出诸多努力的出版方万榕书业。

让我们可以像金子美铃的那首《向着明亮那方》一样，向阳向上向前方。

2021 年 8 月　译者